PoPésie

Dessins de **Tiffany Beucher**,
Eupholie et **Aurélien Fernandez**

MAIS OÙ EST VICTOR HUGO ?

FIRST
ÉDITIONS

Sommaire

« *Car il n'est rien d'égaré, qu'on ne puisse retrouver, si on le cherche.*

For there is nothing lost, that may be found, if sought. »

Edmund Spenser,
La Reine des fées

« *Il a pas tort.*

He has pas tort. »

PoPésie,
Mais où est Victor Hugo ?

Ah! la recherche ! Quelle formidable occupation… Prenez le temps de penser à tout ce que l'on cherche tous les jours : on cherche ses clefs ou ses mots ; on cherche une tasse propre ou un bon livre ; on cherche des solutions ou une excuse pour rentrer plus tôt ; on cherche l'amour ou la bagarre, du travail ou un truc à regarder à la télé ; certains cherchent la petite bête, des aiguilles perdues dans des bottes de foin ; d'autres cherchent midi à quatorze heures ; on cherche son téléphone comme on cherche un sens à sa vie…

Les artistes aussi sont des chercheurs acharnés. Ils cherchent la bonne idée, le rythme parfait, l'image originale, le bon mot ou la belle phrase. L'écrivain face à sa page blanche n'est pas dans une attente passive d'inspiration ni dans un combat terrible contre lui-même : il est dans une quête. Et comme pour achever le cercle de l'éternelle recherche, il donne vie, quand il y parvient, à des personnages qui eux-mêmes se révèlent de grands chercheurs.

Tout héros a sa quête, qu'elle soit du Graal ou de la Toison d'or, de reconnaissance ou d'un trésor. Il y a ceux qui cherchent Dieu, le bonheur ou le temps perdu ; il y a celles qui cherchent une issue, le succès ou un disparu. Tout personnage est en quête d'un mystère à percer ou d'une révélation quelconque. Dans les romans policiers, on « cherche la femme » ; dans la science-fiction, on cherche de nouveaux horizons ; dans le fantastique, les personnages cherchent une explication ; même les plus amorphes, apathiques ou statiques des héros, les Bartleby ou les Oblomov, les Vladimir et les Estragon, tous les Gregor Samsa cherchent quelque chose, même dans leur refus, même dans leur immobilité choisie ou imposée. D'Ulysse qui cherche le chemin de sa maison à Hercule Poirot qui cherche le coupable sur la scène du crime, nous vous invitons à nous suivre dans quelques univers littéraires célèbres, parmi la foule de ces chercheuses et chercheurs d'encre et de papier.

Plongez à nos côtés dans les univers de La Fontaine, de Lovecraft ou de Colette, cherchez les auteurs et les autrices mais aussi leurs personnages mythiques ou de fameux objets ! Observez bien les détails habilement dissimulés par Tiffany Beucher, Eupholie et Aurélien Fernandez, scrutez les moindres recoins : on ne sait jamais tout ce que peuvent cacher les pages d'un livre ! Cherchez bien, et si vous ne trouvez pas tout, au fond, ce n'est pas si grave : comme le voyage est souvent plus enivrant que la destination, la recherche est parfois plus plaisante que la découverte !

Guillaume « PoPésie » Plassans

PS : Pour prolonger le plaisir d'exploration, rendez-vous à la fin du livre pour des jeux bonus !

HOMÈRE

« ***Étranger, tu es bien arrivé dans le pays que tu cherches.*** »

Homère,
***Odyssée* (chant XXIV)**

Homère est souvent présenté comme « le père » de la littérature occidentale. En réalité, nous disposons de très peu d'informations sur lui : on ignore même s'il a véritablement existé ! Toute sa personne est auréolée de mystères et de légendes. On présume qu'il serait né entre le VIIIe et le VIIe siècle avant notre ère, on ne sait pas vraiment où (plusieurs villes en réclament la paternité, pour d'évidentes raisons honorifiques et touristiques) mais probablement en Asie Mineure (l'actuelle Turquie).

Traditionnellement, Homère est présenté comme un **aède** (un poète) aveugle parcourant la région méditerranéenne. On le connaît principalement pour les deux œuvres mythiques qu'on lui attribue : l'***Iliade*** et l'***Odyssée***, deux épopées fondatrices de la littérature antique.

L'*Iliade* raconte plusieurs épisodes de **la guerre de Troie**. Ce poème épique déborde d'action et de rebondissements, mêlant intrigues politiques, duels, massacres dans lesquels se mélangent les hommes et les dieux. On y suit plusieurs héros, Achille, Hector, Pâris, et les thèmes principaux sont la colère, l'honneur, la vengeance et la destinée.

L'*Odyssée* de son côté présente **les aventures d'Ulysse** tentant de regagner son île, Ithaque, après la guerre de Troie. On y trouve encore plus de rebondissements, plus de lieux et plus de péripéties ! On connaît souvent mieux l'*Odyssée* et le chemin semé d'embûches que parcourt Ulysse, entre les Cyclopes, les magiciennes, les sirènes, les colères de Poséidon et les coups de pouce d'Athéna. Au terme de son voyage, Ulysse retrouve sa femme, son fils et son domaine (ainsi que son brave chien Argos, qui meurt dans une scène bouleversante après avoir, enfin, revu son maître, parti depuis vingt ans). L'*Odyssée* met en avant la ruse et le courage de son héros principal.

Transmises (et forcément modifiées) à travers les siècles, ces deux œuvres sont les colonnes fondatrices de la littérature occidentale, ayant inspiré des générations d'écrivains. Encore et toujours adaptées, en livres, au cinéma, en séries, en dessins animés, en jeux vidéo, l'*Iliade* et l'*Odyssée* avec tous leurs personnages peuplent l'imaginaire collectif depuis plus de **2 700 ans** et pour encore bien longtemps ! Alors au fond, qu'Homère ait vraiment existé ou non, tant pis, car son œuvre, elle, a traversé le temps !

L'univers d'Homère est peuplé de personnages clefs de la guerre de Troie, on peut y retrouver des hommes et des dieux, ainsi que des monstres célèbres qu'a affrontés Ulysse au cours de ses pérégrinations. Vous y trouverez aussi des références à des œuvres moins connues parfois attribuées à Homère, telles que la *Batrachomyomachia*, épopée comique parodiant l'*Iliade* et mettant en scène un conflit opposant des grenouilles et des rats ! Sois attentif, lecteur aux yeux agiles, et laisse-toi bercer par le chant mélodieux des Muses tout en prenant bien garde à celui, terrible, des sirènes !

Polyphème

Nausicaa

Diomède

Athéna

Pâris

La maquette du cheval de bois

Achille

Poséidon

Hélène

Télémaque

Ulysse

Hector

Une sirène

Calypso

La pomme de la Discorde

Zeus déguisé en aspirateur

Argos

Chrétien DE TROYES

> « ***Je suis, comme tu vois, un chevalier qui cherche l'introuvable. Ma quête a longtemps duré et, pourtant, je n'ai rien trouvé.*** »

Chrétien de Troyes,
Yvain ou le Chevalier au lion

Comme pour de nombreux auteurs du Moyen Âge, on ignore beaucoup de choses à propos de **Chrétien de Troyes**, même s'il est probablement l'auteur français le plus célèbre de son époque. Ce que l'on sait de lui se trouve bien souvent dans les courts prologues de ses propres œuvres. Alors tentons une biographie (pleine de ***peut-être***).

Chrétien de Troyes serait *peut-être* né vers 1135. On suppose qu'il était chrétien et venait de Troyes (ce qui aurait probablement été différent s'il s'était appelé Juif de Bourg-en-Bresse ou Musulman de Montbéliard).

Il aurait, *semble-t-il*, *peut-être*, *on n'est pas sûr*, commencé à écrire assez jeune, en s'inspirant des auteurs antiques qu'il aimait, notamment Ovide. On présume qu'il a fait des voyages, et a vécu dans des cours, devenant même clerc à la cour de Champagne. Il dédie par exemple **Lancelot ou le Chevalier de la charrette** à la comtesse Marie de Champagne, fille du roi Louis VII et d'Aliénor d'Aquitaine et qui était, vraisemblablement, sa protectrice. Très attachée, par sa tradition familiale, à l'idéal courtois, Marie de Champagne a eu une influence très importante sur sa cour et les artistes qui s'y trouvaient.

On suppose donc que c'est Marie de Champagne et sa cour qui ont influencé Chrétien de Troyes, le poussant à explorer « **la matière de Bretagne** », c'est-à-dire les légendes bretonnes, la chevalerie et le merveilleux. Même si nous savons peu de choses sur Chrétien, cinq de ses romans nous sont parvenus : *Érec et Énide*, *Cligès*, *Yvain ou le Chevalier au lion*, *Lancelot ou le Chevalier de la charrette* et *Perceval ou le Conte du Graal*. La plupart de ses autres œuvres, parfois mentionnées çà et là, comme ses traductions d'Ovide, ont été perdues.

Alors attention, Chrétien de Troyes n'a pas inventé les chevaliers de la Table ronde ou le roi Arthur, mais il raconte leurs aventures en y ajoutant une vision idéalisée de l'amour (la ***fin'amor***, un amour sensuel reposant sur un code strict de courtoisie, d'honnêteté et de respect), dans lequel le chevalier est au service de celle qu'il aime (un idéal écrit pour une société où les grandes dames étaient puissantes). Ses récits présentent des chevaliers poursuivant une quête, parfois personnelle, parfois mystique (comme celle du Graal). Dans ses romans, Chrétien analyse finement les sentiments, les doutes et les émotions de ses héros. Habilement construits, ses romans reposent sur des dialogues, des monologues, des entrelacements d'intrigues, explorant une multitude de sujets, de l'amour à l'éducation, dans un monde merveilleux, magnifié par la noblesse de ses protagonistes.

Chrétien de Troyes serait, *peut-être*, *possiblement*, *on le croit*, *on n'est pas sûr*, décédé vers 1185 ; et même si l'on sait finalement peu de choses sur l'homme qu'il était et qu'on a perdu certains de ses écrits, ceux qui subsistent ont profondément marqué et transformé la littérature occidentale et ont souvent été imités ou parodiés avec brio, par exemple sur écran dans le *Sacré Graal* des Monty Python ou dans la série *Kaamelott* d'Alexandre Astier !

L'univers de Chrétien de Troyes mêle la chevalerie et le merveilleux. Vous y croiserez des joutes, des géants, et certains de ses personnages les plus célèbres dans des positions évoquant des épisodes fameux de leur œuvre respective : Yvain et son lion se reposant, Lancelot dans une honteuse charrette ou encore Perceval observant trois gouttes de sang sur la neige (une des plus belles scènes de l'histoire de la littérature). Même s'il apparaît peu dans les romans de Chrétien de Troyes, vous pourrez aussi croiser ce brave Merlin devenu si célèbre… et peut-être même aura-t-il besoin de vous pour trouver quelques ingrédients pour une potion, alors allez jeter un œil aux jeux bonus !

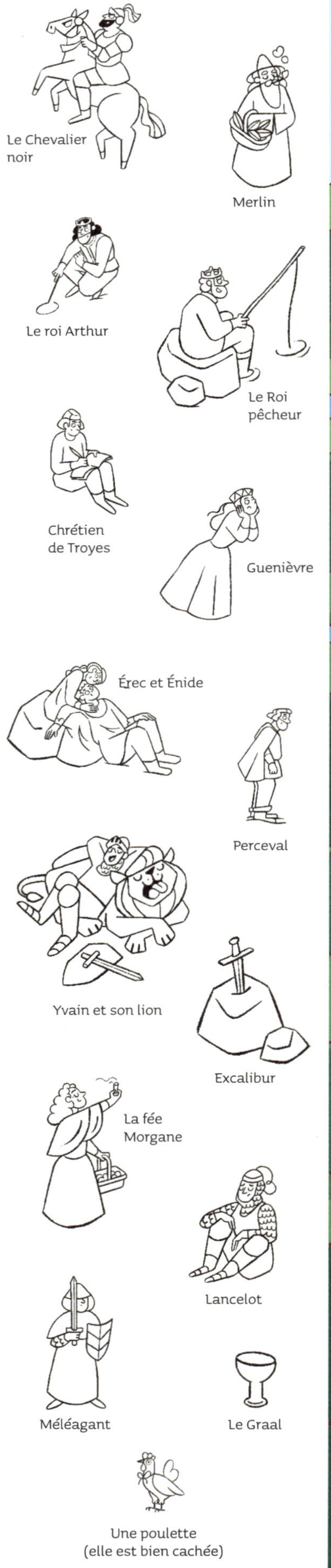
Le Chevalier noir
Merlin
Le roi Arthur
Le Roi pêcheur
Chrétien de Troyes
Guenièvre
Érec et Énide
Perceval
Yvain et son lion
Excalibur
La fée Morgane
Lancelot
Méléagant
Le Graal
Une poulette (elle est bien cachée)

Christine
DE PIZAN

> « ***Ainsi, ma chère enfant, c'est à toi entre toutes les femmes que revient le privilège de faire et de bâtir la Cité des Dames.*** »

Christine de Pizan,
La Cité des Dames

Ah ! **Christine de Pizan** ! Voilà une autrice qui a eu un parcours exceptionnel ! Il est incroyable qu'elle ne soit pas plus connue aujourd'hui ! Très célèbre à son époque, tombée dans l'oubli comme beaucoup d'auteurs médiévaux, elle a été largement redécouverte aux XIXe et XXe siècles. Elle est souvent présentée comme une fondatrice du féminisme en littérature et comme la première autrice professionnelle française.

D'origine italienne, Christine de Pizan (parfois orthographié Pisan) naquit vers 1365, à Venise. Elle grandit en France, à la cour du roi Charles V, où son père était un savant renommé. Ce dernier maria Christine assez tôt, à Étienne de Castel, un conseiller du roi. Heureusement, ce mariage arrangé se transforma vite en mariage d'**amour**. Ils eurent trois enfants.

Malheureusement, le mari de Christine mourut peu de temps après son père. **Veuve** à 25 ans, bouleversée, elle se plongea dans la littérature, pour faire son deuil comme pour subvenir aux besoins de sa famille dont elle eut alors la charge. Elle assura la gestion de son patrimoine seule et fit des procès pour défendre ses biens. Être une femme, veuve et étrangère, ne l'aida guère, mais elle se battit avec courage.

Au départ, ses œuvres traitaient de son veuvage et de sa peine. Elle écrivit de la poésie lyrique, courtoise, chantant la beauté de la nature et les amours impossibles, tendres ou malheureuses, en y ajoutant une **subjectivité** puissante et originale.

Par la suite, ses écrits devinrent plus didactiques, en particulier sur l'éducation ou la philosophie. Connaissant très bien la littérature classique, antique comme italienne, elle s'inspirait des auteurs qui l'avaient marquée. Christine prenait également part aux polémiques de son temps, notamment autour de l'œuvre *Le Roman de la rose* de Jean de Meung, qu'elle accusait de **misogynie**. Ayant toujours pris position pour les femmes, défendant leur indépendance comme leur droit à l'éducation, elle s'agaça publiquement du traitement désastreux des femmes dans les arts.

Son ouvrage le plus célèbre, ***Le Livre de la Cité des Dames*** (1405), a été construit en opposition aux clichés misogynes qui peuplaient alors la littérature. Christine y mélange allégories et figures féminines célèbres au cœur d'une ville bâtie par et pour des femmes. Détruisant les briques phallocrates posées par les hommes, discutant avec les déesses de la Raison, de la Droiture et de la Justice, elle construit, des fondations aux finitions, une cité idéale où se trouvent des femmes de toutes les époques et d'une multitude de pays.

Christine a produit une œuvre cohérente, abondante et personnelle. C'était une visionnaire et une touche-à-tout de talent. Elle a eu une grande influence sur la littérature et la pensée de son époque. Ses œuvres ont été lues dans presque toute l'Europe ! À la fin de sa vie, elle a écrit plusieurs textes sur Jeanne d'Arc afin de célébrer son héroïsme. Elle est morte vers 1430.

De la poésie courtoise au genre épistolaire, Christine a maîtrisé une grande variété de styles, et on ne peut qu'être ravi qu'elle soit doucement (mais sûrement) **redécouverte** !

L'univers de Christine de Pizan est peuplé de femmes, fortes ou fragiles, nobles ou populaires, réelles ou allégoriques, bâtissant leur propre cité. Vous pourrez y retrouver des figures présentes dans diverses œuvres de la poétesse, mais nous nous sommes également permis d'y ajouter des personnalités plus modernes, que Christine n'a pas pu connaître mais qui ont, à notre avis, toute leur place dans cette cité idéale ! N'hésitez pas à aller voir les jeux bonus pour les chercher (et les trouver) !

Marguerite de Bourgogne
Sappho
Blanche de Castille
Iseut
Arachné
Minerve
Clélie
Médée
Septimia Bathzabbai Zénobie
Jeanne d'Arc
Méduse
Christine de Pizan
la Vierge Marie
Marie de Magdala
Didon
la Reine de Saba
Cléopâtre
Thisbé
Les trois déesses
Isis

La cité
des
Dames

William SHAKESPEARE

« *[...] il est inutile de chercher ici qui ne veut se laisser trouver.* »

William Shakespeare,
Roméo et Juliette
(acte II, scène 1)

William Shakespeare est probablement l'auteur le plus célèbre au monde. Sobrement surnommé « le Barde », il est né en avril 1564 à Stratford-upon-Avon, dans le comté du Warwickshire (on peut difficilement faire plus anglais comme nom). Comme pour les auteurs présentés précédemment, beaucoup d'éléments de sa vie sont incertains...

Son père était un artisan respecté et William reçut une assez bonne éducation, même s'il fut très autodidacte. À 18 ans, William épousa la fille d'un fermier : Anne Hathaway (alors non, pas l'actrice, une autre Anne Hathaway). Ensemble, ils eurent trois enfants ; mais la vie de famille satisfaisait assez peu William qui était passionné par le théâtre et voyageait beaucoup. On ignore exactement où il alla, mais il finit par s'établir à Londres. On raconte qu'il aurait débuté tout en bas de l'échelle, en surveillant les chevaux des riches à la porte des théâtres. C'est à cette époque qu'il commença véritablement à écrire. Il rédigeait aussi bien des pièces que des poèmes (ses célèbres **sonnets** lui valurent du succès et la protection de nobles).

Gagnant de mieux en mieux sa vie grâce à ses pièces et ses poèmes, William put investir dans le **théâtre**. À cette période, il écrivit des histoires d'amour à succès (*Le Songe d'une nuit d'été*, *Roméo et Juliette*). Mélangeant les genres, le comique et le tragique, le grivois et l'historique, Shakespeare explorait toutes les possibilités offertes par la scène. Même s'il connut des deuils tragiques (dont la mort de son fils Hamnet), il ne ralentit pas son activité littéraire. Ses pièces, jouées un peu partout, furent des succès applaudis aussi bien par les nobles que par le peuple. Mais William avait une ambition : avoir son propre théâtre ! C'est ainsi qu'il devint un des actionnaires du théâtre du **Globe** (un superbe édifice en bois) pouvant accueillir jusqu'à 3 000 personnes ! Il écrivit des pièces qui attirèrent un public divers, aussi populaire que raffiné (*Comme il vous plaira*, *La Nuit des rois*...).

Malgré les soubresauts politiques de l'époque ou les graves épidémies qui frappaient parfois l'Angleterre (la peste, par exemple), Shakespeare et sa troupe allèrent de succès en succès (*Hamlet*, *Othello*, *Le Roi Lear*, *Macbeth*...), et William devint riche et célèbre.

Coup du sort : en 1613, le Globe prit feu pendant une représentation (il faut dire que le bois, ça brûle vite...) ! Heureusement, le théâtre fut rapidement reconstruit. William, âgé, s'éloigna de Londres et retourna s'installer à Stratford-upon-Avon où il continua d'écrire jusqu'à la fin de sa vie pour le Globe et le Blackfriars, un autre théâtre accueillant la troupe du roi.

Le 23 avril 1616, **rideau** : William s'éteignit, à l'âge de 52 ans. De nombreuses légendes circulent encore à propos du « Barde immortel », et beaucoup de folles théories (souvent bien trop fantaisistes pour être crédibles) vont jusqu'à imaginer que son œuvre n'est pas de lui mais cache bien des secrets. Reste, derrière ce voile d'impénétrables mystères, une œuvre poétique et théâtrale monumentale qui a durablement marqué les planches et les esprits du monde entier.

L'univers de Shakespeare est, évidemment, un univers théâtral ! Mais attention, si aujourd'hui on demande aux gens d'être silencieux au théâtre, ce n'était pas le cas au XVIe siècle ! Le théâtre était un lieu de vie, d'échange, de spectacle, de conflit ou de communion où se croisaient toutes les catégories sociales. Ainsi, vous allez trouver dans cette foule une multitude de personnages shakespeariens célèbres, taillés dans l'étoffe dont sont faits les rêves, mais aussi de ces ombres qui peuplent les scènes, les coulisses, les gradins ou le parterre, rappelant que le monde entier est un théâtre (voire un théâtre dans le théâtre) où nous sommes, toutes et tous, et tour à tour, auteurs, acteurs et spectateurs. Tout un programme !

Roméo
Hamlet
Shakespeare
Juliette
Lady Macbeth
Ophélie
Le roi Lear
Othello
Nick Bottom
César
Ariel & Caliban
Cléopâtre
Puck
Falstaff
Richard III
Henri IV
Rocky VI

Charles PERRAULT

« ***Pour moi, j'ose poser en fait***
Qu'en de certains moments l'esprit le plus parfait
Peut aimer sans rougir jusqu'aux Marionnettes ;
Et qu'il est des temps et des lieux
Où le grave et le sérieux
Ne valent pas d'agréables sornettes. »

Charles Perrault,
« Peau d'âne »

Passons à un auteur qui nous accompagne depuis l'enfance : **Charles Perrault** !

Né à Paris, en 1628, dans une famille aisée, Perrault aimait beaucoup la littérature, dévorant aussi bien les œuvres classiques que celles de ses contemporains. Plein d'humour, il n'hésitait pas, avec ses frères ou ses amis, à parodier les œuvres les plus célèbres et respectées, celles d'Homère comme celles de Virgile. Jeune déjà, Perrault faisait preuve, par le comique et le burlesque, d'une certaine **irrévérence** à l'égard des œuvres anciennes (et souvent sacralisées).

Après de brillantes études, Charles devint avocat, métier qu'il abandonna pour fréquenter la cour. De plus en plus actif dans les salons littéraires, il se fit un nom grâce à ses poésies galantes ou ses odes politiques favorables au roi (ce qui était très apprécié). Protégé par des gens haut placés, Perrault fit une riche carrière dans l'administration et devint une autorité, notamment d'un point de vue culturel. Il travailla pour la propagande d'État, établissant, par exemple, des listes d'artistes à récompenser (à condition qu'ils soient sympas avec le souverain, évidemment). En parallèle à cette carrière bien remplie (et encore, on ne peut pas tout détailler), Charles continua d'écrire, en prose comme en vers. Rapidement veuf, il s'occupa aussi de l'éducation de ses enfants.

Charles prit également part à l'une des polémiques les plus importantes de l'histoire de la littérature (pire que pain au chocolat/chocolatine, Sega/Nintendo ou Booba/Kaaris) : **la querelle des Anciens et des Modernes** ! Perrault affirmait qu'il fallait vivre avec son temps et que l'art chrétien et moderne surpassait l'art antique, pourtant vanté comme un modèle indétrônable. En 1687, dans son poème « Le Siècle de Louis le Grand », il critiqua violemment les auteurs classiques, les déclarant inférieurs à ceux vivant dans la France de Louis XIV. Les débats furent vifs et intenses !

Mais si Perrault est si célèbre et a traversé le temps, c'est évidemment pour ses **contes** ! Dès 1691, Charles avait entamé la rédaction de ces courtes histoires, inspirées du folklore populaire, dont « La Marquise de Salusses, ou la Patience de Griselidis ». Il écrivit ensuite « Peau d'âne » et « Les Souhaits ridicules ». Ces histoires connurent un grand succès et il publia, en 1697, *Histoires, ou Contes du temps passé* (ou *Contes de ma mère l'Oye*). Le moderne Perrault utilisait ces contes populaires, de tradition orale, pour montrer qu'ils étaient aussi intéressants et riches d'enseignements que les modèles antiques pourtant infiniment plus respectés. Manipulant des figures célèbres (le loup, l'ogre...) dans des histoires simples mais pleines de rebondissements, de moralités et d'éléments merveilleux, Charles écrivait dans une langue à la fois raffinée et populaire, lui garantissant une longévité incroyable. Vous connaissez au moins l'un de ses contes, que vous les ayez découverts à la maison, à l'école ou dans l'une de leurs (très) nombreuses adaptations !

Perrault s'est éteint en mai 1703, sans savoir, mais en pressentant peut-être, l'extraordinaire **popularité** de ses contes dans les siècles à venir !

L'univers de Perrault nous plonge, évidemment, dans un monde où la réalité se mélange au merveilleux. Vous allez y croiser des figures bien connues issues de ses contes, du Petit Chaperon rouge à Cendrillon en passant par le Chat botté, Riquet à la houppe ou l'âne de « Peau d'âne » qui défèque de l'or !
Prenez le temps de détailler tout ce qui peuple cet univers, à la recherche d'autres références cachées. Mais attention à ne pas vous perdre (prenez un stock de cailloux au cas où, on ne sait jamais) !

Perrault
Peau d'âne
Belle au bois dormant
Petit Chaperon rouge
L'Ogre
Ma mère l'Oye
Barbe bleue
Riquet à la houppe
Marraine la fée
Le prince
Le Chat botté
Cendrillon
Griselidis
Petit Poucet
La belle-mère
Sœur Anne
Jupiter
Pouffe (la petite chienne de la Belle au bois dormant)

Slim
Feet

Jean DE LA FONTAINE

« *Je chante les héros dont Ésope est le père,*
Troupe de qui l'histoire, encor que mensongère,
Contient des vérités qui servent de leçons.
Tout parle en mon ouvrage, et même les poissons :
Ce qu'ils disent s'adresse à tous tant que nous sommes.
Je me sers d'animaux pour instruire les hommes. »

Jean de La Fontaine,
« À Monseigneur le Dauphin »,
Fables

Jean de La Fontaine est né le 8 juillet 1621 (il était donc Cancer) à Château-Thierry (il était donc un Castelthéodoricien – ou Castrothéodoricien –, c'est le nom des habitants de Château-Thierry). Son père était maître des eaux et forêts (chargé de surveiller et de contrôler les forêts, les cours d'eau et leur exploitation).

On raconte parfois que Jean était un jeune homme **feignant**. Il était plus certainement très rêveur. Curieux, il apprit le latin et lisait beaucoup. Ses livres préférés étaient ceux de Rabelais et d'Honoré d'Urfé (la pop culture de l'époque, d'une certaine manière). Après avoir songé à une carrière religieuse, La Fontaine fit des études de droit. Quand il avait du temps libre il rejoignait ses amis écrivains. Ils se surnommaient « les Chevaliers de la Table ronde » (ce qui pète la classe, n'est-ce pas, Chrétien de Troyes ?).

À 26 ans, pour faire plaisir à ses parents, il se maria avec la jeune Marie Héricart. Mais très vite, il se désintéressa d'elle, préférant ses rêveries. En 1652, Jean devint à son tour **maître des eaux et forêts**. Durant vingt ans, il exerça cette tâche (avec sérieux mais sans s'épuiser non plus, tranquillou). Au moins, il avait le temps d'observer les habitants des forêts (c'est déjà ça).

À cette époque, Jean se lança dans la poésie et le théâtre et publia même son premier texte en 1654. Ce fut un échec mais il n'abandonna pas. Vers 1659, il trouva un mécène de qualité : **Nicolas Fouquet**, le surintendant des Finances de Louis XIV. Il connut alors ses premiers petits succès mais Fouquet fut arrêté en 1661 sur ordre du roi. Bon pote, La Fontaine tenta, tant bien que mal, de défendre son protecteur et ami. En vain...

Après quelques voyages, notamment du côté du Limousin, Jean passa sous la protection de femmes influentes (dont Marguerite de Lorraine ou encore Marguerite Hessein de La Sablière). Entre 1664 et 1667, il publia **des contes et des nouvelles**. Ces textes courts, parfois gentiment coquins, érotiques ou grivois, connurent malgré la censure un certain succès dans les milieux bourgeois et libertins.

En 1668, il publia son premier **recueil de fables**. Il avait 47 ans (il n'est jamais trop tard pour percer). Pour rappel, les fables sont de courtes histoires en vers (pas toujours) qui mettent en scène des animaux (pas toujours non plus) pour représenter les hommes, leurs vices et leurs vertus. Les fables sont marrantes (encore une fois, pas toujours) mais elles ont aussi une dimension didactique : elles contiennent un message ou une leçon qui fait réfléchir (ou au moins qui devrait).

La Fontaine s'est inspiré d'auteurs de l'Antiquité (Ésope, Phèdre, Apulée, Térence, Lucrèce...), italiens (Boccace, Abstémius) ou orientaux (Pilpay). Reprenant souvent les trames complètes des histoires, La Fontaine travaillait tout particulièrement le style, le rythme, le vocabulaire et la composition de ses textes afin de créer des œuvres qui puissent marquer profondément les lecteurs, adultes comme enfants.

La Fontaine écrivit beaucoup, des fables et des contes, certes, mais aussi de l'opéra et du théâtre. Malgré tout, il connut de nombreuses difficultés financières.

Il mourut le 13 avril 1695, à Paris. Il aurait écrit plus de 240 fables, qui sont encore régulièrement étudiées et apprises par cœur dans toutes les **écoles** de France !

L'univers de La Fontaine est un univers de fables ! Vous allez y retrouver toute la faune, la flore et les objets qui l'ont rendu célèbre : cigales, fourmis, corbeaux, renards, tortues et lièvres, mais aussi roseaux et pot de lait brisé ! Il y a également quelques êtres humains, issus de fables (« La Mort et le Bûcheron » par exemple), voire de ses contes érotiques qu'il avait reniés à la fin de sa vie (le monsieur qui court tout nu est, par exemple, une référence à son conte grivois « Les Lunettes »). Un univers riche en surprises, gai et heureux, parfois un peu cruel et inquiétant, mais peuplé de personnages familiers qui ont certainement bercé vos années scolaires !

Jean de La Fontaine

Le loup et l'agneau

Le laboureur et ses fils

Ésope

La cigale

Le corbeau

Le lion pris au piège

Un pique-nique de rats

Le chien de berger et le loup

Une réunion de souris

Le bûcheron et la mort

Une bonne sœur pourchassant un homme nu

Le loup

Le renard

La belette

La cigogne et le renard

Deux pigeons amoureux

La grenouille qui se veut faire aussi grosse que le bœuf

La poule aux œufs d'or

Un pêcheur

La laitière

Le lièvre

La tortue

Château-Thierry
Paris
Reims
ARRIVÉE!

Jane AUSTEN

> « ***Pourquoi sommes-nous au monde, sinon pour amuser nos voisins et rire d'eux à notre tour ?*** »
>
> **Jane Austen,**
> ***Orgueil et Préjugés***

On connaît assez peu la vie de **Jane Austen** pour une raison plutôt simple : elle n'a pas connu le succès de son vivant. Ce qu'on sait d'elle a été raconté, après sa mort, par sa famille, notamment son neveu, James Edward Austen-Leigh.

Jane naquit le 16 décembre 1775, à Steventon, dans le sud de l'Angleterre. Fille d'un pasteur, elle grandit au sein d'une famille aimante et cultivée. Elle adorait la littérature, lisait énormément et commença à écrire très jeune. Ce n'est cependant qu'à 36 ans qu'elle publia son premier roman, ***Raison et Sentiments***, de façon anonyme (signé « *by a Lady* », « par une dame »). Le roman fut un assez bon succès, ce qui la poussa à en publier d'autres : *Orgueil et Préjugés* (1813), *Mansfield Park* (1814) et *Emma* (1815), puis *Northanger Abbey* et *Persuasion* (parus à titre posthume).

Présentant des histoires plutôt simples, les romans de Jane Austen brillent par leur finesse dans l'étude des mœurs mais aussi par leur humour subtil. Comme une miniaturiste, Jane Austen crée un petit environnement dans lequel elle fait bouger et interagir ses personnages. Son univers semble clos, hors du monde. C'est un pays de mariages rêvés ou réalisés, attendus ou craints, de bals populaires ou aristocratiques, de rencontres fortuites ou bien préparées, de promenades tranquilles ou exaltées... un cadre qui peut paraître banal mais qui se fait miroir d'une partie de la société anglaise ! Si les **histoires d'amour** sont (pour la plupart) heureuses dans ses romans, ce n'était pas le cas dans la vie de Jane. La littérature est bien souvent plus simple et satisfaisante que la réalité !

Jane est morte le 18 juillet 1817, à Winchester, à seulement 41 ans, sans avoir eu le temps d'achever son ultime roman *Sanditon*. Emportée très tôt par la maladie, elle n'a pas su la **gloire littéraire** qu'a connue son œuvre. Au fil des années, la notoriété de Jane Austen n'a jamais cessé de croître. On surnomme ses fans les « Janeites ». Le « **Janeitisme** » a commencé à la fin du XIXe siècle et s'est confirmé tout au long du XXe siècle : dans des dizaines de pays, on organise encore des groupes de lecture et même des festivals autour de Jane Austen et de son œuvre ! Ses lecteurs et lectrices sont aujourd'hui encore des millions dans le monde entier et ses romans continuent d'inspirer, que ce soit des succès populaires (comme les romans et les films *Bridget Jones*) ou des choses plus surprenantes... comme le film *Orgueil et Préjugés et Zombies* lui-même inspiré du roman du même titre de Seth Grahame-Smith ! Et notez le nombre incroyable d'œuvres n'étant pas des adaptations directes de son œuvre mais s'inspirant de l'atmosphère si particulière de ses romans. L'**austenerie** n'est jamais finie et peut-être même qu'elle ne s'achèvera jamais !

L'univers de Jane Austen est anglais et rural. Il est composé de fratries et de sorories, de jeunes gens en quête d'amour, et d'adultes cherchant à tout prix à organiser des mariages ! Il y a des fêtes, de la musique, des livres, des animaux et des intrigues à n'en plus finir. On aimerait y plonger un moment pour lire de la poésie, danser avec quelques jolies filles ou de beaux garçons et chercher à savoir ce que cachent les moues et les sourires de cette petite société en apparence si banale mais qui dissimule tant d'inavouables secrets !

Jane Austen
Elizabeth Bennet
M. Darcy
George Wickham
Elinor, Marianne et Margaret Dashwood
John Willoughby
Le colonel Brandon
Edward Ferrars
Emma Woodhouse
Jane Fairfax
Frank Churchill
George Knightley
Anne Elliot
Frederick Wentworth
Fanny Price
Edmund Bertram
Le pug de Lady Bertram
Catherine Morland
Lady Susan
Bridget Jones (elle a dû se perdre)
Un zombie (lui aussi)

Chawton
Netherfield

Victor HUGO

« *Il faut penser, rêver, chercher. Dieu bénit l'homme,*
Non pour avoir trouvé, mais pour avoir cherché. »

Victor Hugo,
« La Vie aux champs »,
Les Contemplations

Ah, **Victor Hugo** ! Peu de noms résonnent comme le sien au firmament de la littérature !

Victor naquit le 26 février 1802. Enfant fragile, on craignit qu'il ne vécût pas longtemps. Heureusement, il prit des forces en grandissant et se passionna pour la littérature. Dans la cour d'école déjà, il rédigeait, avec ses copains et ses frères, des nouvelles, des poèmes et des pièces de théâtre (qu'il dédiait souvent à sa maman, si c'est pas adorable !). Il obtint rapidement des prix de poésie et publia ses premières œuvres. Repéré et soutenu par des gens puissants, il put se consacrer à l'écriture après avoir épousé **Adèle Foucher**, son amour d'enfance.

Même s'il brillait en poésie, c'est aussi sur les planches que Victor se fit un nom, en brisant les codes du théâtre classique. Ses pièces *Cromwell* ou *Hernani* donnèrent lieu à de vives polémiques, parfois violentes ! Un vrai **rebelle**, ce Victor !

Poursuivant une carrière riche, il enchaîna les chefs-d'œuvre, devenant figure de proue du mouvement **romantique**, s'inspirant des modes de l'époque (*Les Orientales*) ou défendant des idées très modernes, par exemple contre la peine de mort (*Le Dernier Jour d'un condamné*). En 1831, il publia *Notre-Dame de Paris*, mettant en scène les personnages mythiques de Quasimodo et Esmeralda. En parallèle à cette vie littéraire trépidante, il devint également père de cinq enfants : Léopold, Léopoldine, François-Victor, Charles et Adèle. Sa relation avec sa femme n'était pas toujours heureuse et il eut de nombreuses amantes, dont **Juliette Drouet** qui l'accompagna et le soutint durant près de cinquante ans !

Très investi en politique, Victor combattit la misère, le travail des enfants, et lutta pour la paix et la justice. Il écrivit de nombreux discours devenus célèbres et occupa des postes prestigieux, à l'Académie et à l'Assemblée. En 1843, la mort de sa fille **Léopoldine** le bouleversa et l'éloigna un temps de la littérature. Il lui dédia en 1856 le recueil *Les Contemplations* contenant le superbe poème « Demain, dès l'aube ». En 1851, il s'opposa à la prise de pouvoir de Louis-Napoléon Bonaparte et dut quitter la France. Sa tête fut mise à prix et il s'échappa grâce à Juliette. Il s'installa en Belgique puis sur les îles anglo-normandes de Jersey et Guernesey. Là, il écrivit beaucoup, reçut des invités, médita, pratiqua le spiritisme et lutta, à distance, contre le Second Empire, rédigeant des œuvres politiques à charge telles que *Napoléon le Petit* ou *Les Châtiments*.

En 1862, il publia son chef-d'œuvre romanesque : *Les Misérables*. Le succès fut phénoménal. Durant son exil, il écrivit de nombreuses œuvres magistrales : *L'Homme qui rit*, *Les Travailleurs de la mer*, *La Légende des siècles*. En 1870, le Second Empire s'effondra et la République fut proclamée. Victor rentra en France, accueilli comme un **héros** après près de vingt ans d'exil !

Il poursuivit son travail, politique et littéraire, enchaînant les succès, recevant de nombreux honneurs venant du monde entier. Ses trois fils étant décédés et sa fille Adèle étant internée, Victor trouva du réconfort auprès de ses deux petits-enfants adorés, Jeanne et Georges, auxquels il dédia *L'Art d'être grand-père*.

Il s'éteignit dans son appartement, rue Victor Hugo, entouré par ses proches, le 22 mai 1885. Après des funérailles nationales, son corps fut transporté au **Panthéon** où il repose toujours. Même les détracteurs de Victor Hugo ne peuvent nier l'impact qu'il a eu sur la littérature, française et mondiale.

Hugo est toujours aussi célèbre, plus de 220 ans après sa naissance, et son œuvre est encore lue et adaptée, au cinéma, au théâtre, en musique, en BD et même en jeux vidéo ! Une longévité inespérée pour cet enfant fragile qu'on a condamné un peu trop tôt et qui a montré, tout au long de son existence, que ceux qui luttent sont ceux qui **vivent** !

Peu d'univers sont aussi foisonnants que celui de Victor Hugo ! Et pour cause : Victor a touché à tous les genres, semble avoir exploré tous les styles ! Vous allez y trouver de nombreux personnages de ses romans, de ses pièces, mais aussi des tonnes de références à sa vie comme à sa poésie ! Prenez le temps d'observer ce monde débordant de vie, du plus petit tas de pierres à la grande cathédrale, examinez les hommes qui rient et les travailleurs amers la ville qui s'allume tandis que blanchit la campagne, et ayez une pensée, entre les rayons et les ombres, pour toutes les choses vues, et pour celles qu'on ne découvre qu'à force de contemplation !

Victor Hugo
Quasimodo
Esmeralda
Frollo
Bug-Jargal
Triboulet
Claude Gueux et sa baguette
Jean Valjean et Cosette
Javert (qui contrôle les papiers de Fantine)
Gavroche
Gwynplaine
Enjolras
Les Thénardier
Lucrèce Borgia
Ruy Blas
Hernani
Cromwell
Djali, la chèvre d'Esmeralda
Han d'Islande
Booz endormi

TORQUE
MADA
VH
BURG
RAVE

COLETTE

« ***[...] déjà je cherchais, enfant, ce choc, ce battement accéléré du cœur, cet arrêt du souffle : la solitaire ivresse du chercheur de trésor.*** »

Colette,
Sido

Colette naquit en 1873, en Bourgogne, d'un père ancien militaire amputé d'une jambe et d'une mère, « Sido », très cultivée et attachée à la nature. Là, elle mena une enfance heureuse auprès de ses parents, de ses frères et de sa sœur, de ses amis et des animaux qu'elle aimait tant. La famille vivotait entre tendre affection et problèmes d'argent.

À 20 ans, Colette épousa Henri Gauthier-Villars, surnommé **Willy**, un célèbre critique littéraire parisien. Il avait quatorze ans de plus qu'elle et l'entraîna à Paris. Là, Colette découvrit la fureur urbaine et pénétra dans le monde littéraire et artistique. Willy, peu fidèle et dépensier, incita Colette, qui aimait tant la littérature, à raconter ses souvenirs d'enfance, ce qu'elle fit dans son premier roman, ***Claudine à l'école***. Signé Willy, ce roman fut un énorme succès de librairie. Les lecteurs se passionnèrent pour cette histoire d'une jeune étudiante de 15 ans farouche et rebelle, sur fond d'érotisme sulfureux (aussi bien hétérosexuel que lesbien). On y trouve déjà les caractéristiques qui font le style de Colette : le désir de liberté, l'audace, l'amour pour la nature et les animaux, la sensualité et le plaisir romanesque.

Face au succès, Willy poussa Colette à rédiger plusieurs suites. Ce qu'elle fit, par plaisir, mais aussi sous la contrainte de cet époux volage. C'est lui qui possédait la propriété intellectuelle de la saga *Claudine* et Colette n'y gagna rien si ce n'est d'exercer sa plume, de comprendre les mécanismes éditoriaux, et de se rendre compte de la cupidité de son époux !

En 1904, Colette écrivit ***Dialogues de bêtes*** dans lequel elle mettait en scène des animaux qui parlent. Se détachant peu à peu de l'emprise de Willy, elle parvint à divorcer en 1910. Éprise de liberté, elle fit scandale dans Paris, par ses textes, son attitude, et par ses spectacles de pantomimes. En 1907, au Moulin-Rouge, elle dansa nue ! Elle eut de nombreuses relations amoureuses, avec des hommes comme avec des femmes, ce qui fit le bonheur des gazettes et permit à ceux qui n'avaient rien à dire de beaucoup parler.

En parallèle, sans se soucier du qu'en-dira-t-on, elle poursuivit son œuvre littéraire, alternant recueils de nouvelles, chroniques, romans et spectacles avec toujours une touche **autobiographique**. Dans *Sido* par exemple, elle écrit, dans une prose poétique superbe, sur sa mère et son enfance.

En 1912, elle épousa Henry de Jouvenel. Dans *Chéri* et *Le Blé en herbe*, elle présente des histoires d'amour entre un adolescent et une femme mûre. La part autobiographique y est encore importante puisque Colette eut elle-même une relation avec... Bernard de Jouvenel, le fils de son mari, de trente ans son cadet !

En 1935, elle épousa son ami Maurice Goudeket. Ce fut son dernier mariage. Elle ne cessa d'écrire, voyagea et donna des conférences. Elle reçut même la Légion d'honneur et fut élue à l'académie Goncourt. Ayant fait le deuil de presque toute sa famille, elle finit sa vie paralysée dans son appartement parisien mais assista à la large diffusion de son œuvre, au théâtre et jusqu'à Hollywood. Elle mourut en 1954, au comble de la gloire. Ses funérailles furent nationales, même si le clergé, en raison de sa vie **scandaleuse**, lui refusa les sacrements religieux.

Les textes de Colette, pleins d'humour et de force, ont marqué des générations de lecteurs et lectrices. Même si elle avait beaucoup de détracteurs, de nombreux écrivains l'ont saluée comme une formidable autrice à la plume toujours aussi moderne et **audacieuse** !

L'univers de Colette est tiraillé entre la calme campagne de son enfance et la frénésie parisienne. Elle a écrit sur ces deux aspects de sa vie, explorant tour à tour la douceur des forêts comme la folie du music-hall, se plaisant à flâner auprès des animaux qu'elle aimait tant comme à donner des spectacles exaltants. C'est un monde de fête où vous pourrez rencontrer des personnages célèbres de son œuvre, mais aussi des éléments biographiques dissimulés çà et là, par exemple une trousse de maquillage. Parce que oui : Colette a aussi été directrice d'un institut de beauté ! Elle adorait le maquillage qu'elle appelait « trucsasfouttsulapeau ». Encore une facette méconnue et surprenante de cette autrice qui a su toute sa vie se jouer des codes et des étiquettes !

Colette
Claudine
Père de Claudine
M.le Sergent
Renaud
Chéri
Annie
Mitsou
Willy
Sido
Gigi
Fanchette
Toby-Chien
Pitikiri
Kiki-la-Doucette
Nonoche
Fossette
Bâ-Tou
Un rossignol dans les vrilles d'une vigne
Saha
Une trousse de maquillage
Des céréales au blé complet

CHAT PERDU

Howard Phillips LOVECRAFT

« ***Je vous condamne à rechercher cette cité du soleil couchant qui est vôtre et à en chasser les dieux somnolents et paresseux qu'attend le monde du rêve.*** »

H. P. Lovecraft,
À la recherche de Kadath

Howard Phillips Lovecraft était un homme presque aussi étrange que les récits qu'il a écrits. Né à Providence, en août 1890, fils unique d'un commerçant ambulant qui sombra dans la démence, Lovecraft fut élevé par sa mère, ses tantes et son grand-père. Très précoce, il rédigea ses premiers poèmes dès l'âge de 6 ans. Passionné par la science, il n'alla pas longtemps à l'école du fait de sa santé fragile. Sujet à la dépression nerveuse, à l'agoraphobie et aux terreurs nocturnes, il avait également peur de l'eau (alors qu'il vivait, le pauvre, dans une ville côtière).

Après la mort de son grand-père, en 1904, sa famille fut ruinée. En échec scolaire, Lovecraft ne parvint pas à obtenir de diplôme. La littérature était pour lui une source de répit : il s'y réfugiait, écrivant de la poésie, des contes et des nouvelles. N'ayant de contact avec presque personne à part sa mère, il se plongea dans les livres. Il commença même à se faire éditer dans de petits magazines. Son premier récit publié de manière professionnelle fut **Dagon**, achevé en 1917. Un récit dans lequel se trouvaient déjà de nombreuses caractéristiques de son style angoissant ! Si Lovecraft était peu sociable, il adorait en revanche écrire des lettres et correspondre avec de nombreux artistes qui devinrent ses amis. On estime que Lovecraft aurait écrit près de **cent mille lettres** ! Vous vous rendez compte ? Après la mort de sa mère, Lovecraft rencontra l'autrice Sonia Greene qu'il épousa. Ensemble, ils s'installèrent à **New York**. Très vite, la vie dans cette ville immense devint insupportable pour Howard. Il peina à trouver du travail, les problèmes d'argent se succédèrent et le jeune auteur finit par détester cette ville tentaculaire et cosmopolite (Lovecraft était raciste et s'exprima vivement contre le métissage). Il finit par quitter Sonia et retourna vivre à Providence. Là, il continua d'écrire (beaucoup) et de publier (un peu) tout en se refermant encore plus sur lui-même. Il ne parvint pas à vivre de sa plume, et sa santé devint de plus en plus fragile. Pauvre, malade, il finit par s'éteindre, le 15 mars 1937.

C'est après sa mort que l'œuvre de Lovecraft fut redécouverte, avec un intérêt croissant jusqu'à aujourd'hui. Chez Lovecraft, **l'horreur** est à la fois intime et cosmique. Intime quand elle explore la folie naissante de ses protagonistes, cosmique quand se déploie le mythe de Cthulhu. Chez Lovecraft, les personnages sont systématiquement renvoyés à leur insignifiance et à leur fragilité face à tout ce qui échappe à la rationalité : les monstres, la magie, l'infinité. Ses œuvres se situent pour la plupart dans ce qu'on appelle « **le pays de Lovecraft** », composé à la fois de lieux réels (comme Providence) et de lieux imaginaires (comme Dunwich, Arkham, Kingsport, Innsmouth). Même s'il a été beaucoup critiqué pour son racisme et sa xénophobie, son influence (artistique) sur des auteurs comme Stephen King a été immense et son œuvre est, aujourd'hui encore, régulièrement adaptée au cinéma comme en séries ou en jeux vidéo, pour le plus grand plaisir de celles et ceux qui aiment se faire peur !

L'univers de Lovecraft ressemble au pays de Lovecraft : les gens y sont étranges, inquiétants, difformes, angoissés et semblent vivre dans une peur muette, cernés par une horreur indicible, frappés, bientôt, par l'ineffable terreur cyclopéenne qui s'abattra sur eux quand les monstres s'éveilleront… s'ils ne sont pas déjà réveillés ! Entre histoires macabres et panthéon antédiluvien, explorez les moindres recoins de ce monde terrifiant… mais attention… vous en reviendrez peut-être changé pour toujours. Du moins, *si* vous en revenez…

H. P. Lovecraft
Abdul al-Hazred
Necronomicon
Bébé Cthulhu
Tentacule de Noël
Wilbur Whateley
Erich Zann
Zadok Allen
Dagon
Yog-Sothoth
Nyarlathotep
Kärfaglax
(une chaise
de marque suédoise)
Météorite bizarre
Statuette d'ivoire
maudite
Herbert West
Le monstre invisible
Asenath Waite

DUNWICH
SALEM

Agatha CHRISTIE

> « ***On peut faire indéfiniment pression sur un homme, pas sur une femme. Car les femmes gardent au cœur un grand désir de vérité.*** »
>
> **Agatha Christie,**
> ***Le Meurtre de Roger Ackroyd***

Agatha Christie, c'est un véritable **phénomène**. Autrice ayant écrit plus de soixante romans et des centaines de nouvelles vendus à plusieurs millions d'exemplaires, elle a révolutionné le genre policier.

Née en 1890, fille d'un riche Américain et d'une Britannique, Agatha fut élevée à domicile. Très tôt, encouragée par sa famille, elle écrivit de la poésie et des nouvelles. Passant beaucoup de temps à lire et à s'amuser avec des animaux, elle développa un imaginaire riche. Voulant devenir artiste, elle apprit à chanter et à jouer du piano ; malheureusement (pour elle, car heureusement pour nous), son caractère timide la poussa à préférer le chaleureux silence des livres. Après le décès de son père, elle voyagea beaucoup avec sa mère, en Europe et en Égypte notamment. De retour en Angleterre, elle écrivit du théâtre, de la poésie et de la musique. Sa découverte de Sherlock Holmes et d'Arsène

Lupin fut une révélation ! Durant la Première Guerre mondiale, elle devint infirmière bénévole (ce qui la familiarisa avec la violence) et assistante chimiste (ce qui la familiarisa avec les poisons !). Elle profitait de son temps libre pour écrire des romans policiers. Elle commença ainsi à être publiée. C'est avec son roman **Le Meurtre de Roger Ackroyd** qu'elle connut son premier grand succès. On y retrouve le personnage d'Hercule Poirot, le fameux Belge qui résout des crimes à l'aide de ses « petites cellules grises » (et de sa bonne grosse moustache). Écrivant beaucoup, Agatha publiait un ou deux romans par an.

Ses personnages d'Hercule Poirot et Miss Marple la rendirent célèbre et elle développa des techniques narratives très originales. Les révélations finales devinrent sa marque de fabrique : le lecteur est toujours étonné ou surpris en découvrant le coupable ! Si on connaît bien Poirot et Marple, Agatha a également donné vie à d'autres enquêteurs, comme Tommy et Tuppence, le capitaine Hastings, Parker Pyne, le superintendant Battle et bien d'autres !

En 1930, lors d'une croisière au Moyen-Orient, Agatha rencontra l'archéologue Max Mallowan qui fut l'amour de sa vie. Elle avait quinze ans de plus que lui mais tous deux finirent par se marier. Agatha accompagna Max dans la plupart de ses fouilles et ces moments l'inspirèrent beaucoup. En parallèle, elle continua d'écrire d'**immenses succès**, critiques et populaires : *L'Affaire Protheroe*, *Le Mystérieux Mr Quinn*, *Le Crime de l'Orient-Express*, *A.B.C. contre Poirot*, *Mort sur le Nil*, *Ils étaient dix* ! Elle trouvait même le temps d'écrire des œuvres sous le pseudonyme de Mary Westmacott !

Malgré ce travail constant, elle multipliait les activités originales, comme le **surf** ! Elle fut d'ailleurs l'une des premières femmes à pratiquer ouvertement ce sport, comme en attestent de superbes photographies ! Durant la Seconde Guerre mondiale, elle écrivit *Hercule Poirot quitte la scène* et *La Dernière Énigme*, ultimes aventures de ses deux héros les plus célèbres, Poirot et Marple.

La fin de sa vie fut marquée par une succession de **gloires**. Elle fut élevée au rang de commandeur de l'Empire britannique par Élisabeth II en 1971, et assista à plusieurs adaptations de ses œuvres au théâtre et au cinéma. Elle mourut finalement le 12 janvier 1976, sans autre coupable que la vie elle-même.

Sur sa tombe, on peut lire un extrait de *La Reine des fées* d'Edmund Spenser :

« Le sommeil après le labeur,
le port après les tempêtes sur la mer,
La trêve après la guerre, la mort après la vie,
sont d'un doux réconfort. »

"Sleepe after toyle, port after stormie seas,
Ease after war, death after life, does greatly please."

Nous aussi, nous avons mis une citation d'Edmund Spenser extraite de *La Reine des fées* en introduction à ce livre : ainsi, la boucle est bouclée ! **Rideau !**

Bien évidemment, l'univers de Christie invite à une enquête. Dans un manoir anglais d'apparence tranquille se promènent enquêteurs et suspects potentiels ! Beaucoup d'indices, d'armes et de mobiles jalonnent la route des détectives, professionnels ou amateurs, mais gare aux apparences : tout le monde peut avoir quelque chose à se reprocher ! D'ailleurs, un cadavre se trouve au centre du manoir...

L'inspecteur-chef James Japp
Miss Marple
Tommy et Tuppence Beresford
Hercule Poirot
Une statuette égyptienne
Agatha Christie
FRED
La planche de surf d'Agatha
Arthur Hastings
Harley Quinn & Mr. Satterthwaite
Bob le chien, seul témoin du meurtre
Le Colonel Race
Le Superintendant Battle
Un archéologue très BG
Parker Pyne
Des billets pour l'Orient-Express
Miss Lemon
Une courge
10 petites statuettes
Ariadne Oliver
Hercule tenant un poireau

Quiz mythologique

HOMÈRE

Vous avez trouvé tous les personnages d'Homère, mais connaissez-vous bien l'*Iliade* et l'*Odyssée* ? Voici dix questions pour vérifier !

1 **Comment s'appelle le prince troyen qui a enlevé Hélène ?**

A. Lyôn
B. Pâris
C. Lîlle
D. Perrôs-Guîrec

2 **Dans l'*Iliade*, qui tue Hector ?**

A. Patrocle
B. Priam
C. Achille
D. Le tabagisme passif

3 **Qui a eu l'idée du cheval de Troie ?**

A. Ménélas
B. Ulysse
C. Patrocle
D. Kévin

4 **Qui est Télémaque ?**

A. Le neveu d'Achille
B. Le fils d'Ulysse
C. Le petit frère de Pénélope
D. Un produit Apple

5 **Comment s'appelle le Cyclope que combat Ulysse ?**

A. Polyphème
B. Polyzène
C. Polyteknik
D. Polypocket

6 Comment se nomme le précepteur de Télémaque ?

A. Prof
B. Pygmalion
C. Mentor
D. Tuteur

7 À qui était mariée Hélène ?

A. Ménélas
B. Ménéstrel
C. Ménécée
D. Ménélik

8 Comment se nomme le chien d'Ulysse ?

A. Argus
B. Aragorn
C. Argos
D. Air Bud

9 À quelle épreuve les prétendants de Pénélope sont-ils soumis ?

A. Ils doivent répondre à trois énigmes complexes
B. Ils doivent faire passer une flèche à travers douze fers de hache
C. Ils doivent faire le tour d'Ithaque le plus rapidement possible
D. Ils doivent calculer l'aire d'un triangle isocèle (et ils sont nuls en maths)

10 Comment se nomme la mère d'Achille ?

A. Thisté
B. Tédis
C. Thétis
D. Tetris

Anecdote

Le dessin de Tiffany Beucher cache de nombreux gags : le Cyclope se fait examiner par un ophtalmologue, un soldat est emporté par l'outre à vent d'Éole… Mais on y trouve beaucoup de références picturales ! Par exemple, sa version des sirènes (mi-femmes mi-oiseaux) est inspirée de celles qu'on peut notamment retrouver sur des vases antiques datant de 480-470 av. J.-C. ! Dans l'*Odyssée*, Homère ne décrit pas directement les sirènes, cette représentation est ultérieure !

Solution : 1.b 2.c 3.b 4.b 5.a 6.c 7.a 8.c 9.b 10.c

Quêtes supplémentaires

CHRÉTIEN DE TROYES

Vous avez réussi à trouver Merlin l'Enchanteur ? Parfait ! Maintenant aidez-le à fabriquer sa potion ! Il a besoin de quelques ingrédients dissimulés un peu partout sur la page ! Faites vite, il compte sur vous !

1. Du gui bien mûr
2. Des fraises bleues (très rares)
3. Un trèfle à huit feuilles
4. Une griffe de dragon avec du vernis rouge
5. De la toile d'araignée d'or

6. Une orange bleue
7. Une vieille chaussette
8. Un crapaud rouge
9. Une pastèque entamée
10. La baguette (pas trop cuite) de Merlin

Anecdote

Vous avez peut-être remarqué, juste au-dessus de la charrette transportant Lancelot, une femme adoubant un chevalier à genoux. Il s'agit d'une référence à la superbe peinture *L'Adoubement* d'Edmund Leighton ! Les plus attentifs auront également repéré la Sainte Grenade d'Antioche du film *Sacré Graal* ou les différentes versions du Graal qui font référence à une scène d'*Indiana Jones et la Dernière Croisade* !

Où sont les femmes ?

CHRISTINE DE PIZAN

Vous avez trouvé toutes les femmes célèbres qui se cachent dans la Cité des Dames ? Bravo ! Mais il n'y a pas que des personnages liés à l'œuvre de Christine de Pizan dans la foule ! Avez-vous remarqué les autres femmes remarquables qui peuplent cet univers ? En voici dix autres à chercher !

1. Frida Kahlo (entourée de peintres)
2. Olympe de Gouges (qui écrit)
3. Amelia Earhart (dans son bolide)
4. Rosa Parks (en pleine manifestation)
5. Marie Curie (en pleine expérience)
6. Louise Michel (et son drapeau noir)
7. Simone Veil (et son beau chemiser)
8. Alice Guy (faisant une mise au point)
9. Margaret Hamilton (et ses lunettes rondes)
10. Beyoncé (et son flow indétronable)

Anecdote

La Cité des Dames imaginée par Tiffany Beucher compte de nombreuses femmes remarquables ! En plus de celles qu'il fallait trouver dans le jeu régulier et dans ce jeu bonus, vous pouvez également repérer les peintres Judith Leyster et Françoise Gilot, la volcanologue Katia Krafft, la célèbre femme d'affaires (et à barbe) Clémentine Delait, la pilote Marion Barbara « Joe » Carstairs et même l'étrange (mais fascinante) « dame à la bûche » de la série *Twin Peaks* de David Lynch!

7 différences

WILLIAM SHAKESPEARE

Parviendrez-vous à trouver les sept différences entre ces deux mises en scène shakespeariennes ? Chercher ou ne pas chercher ! C'est vous qui décidez !

Objets perdus

CHARLES PERRAULT

Vous avez trouvé tous les personnages les plus célèbres de Charles Perrault ? Bravo ! Maintenant, aidez-les à retrouver quelques objets merveilleux et emblématiques de cet univers de contes !

1. Le fuseau de la Belle au bois dormant
2. Le petit pot de beurre du Petit Chaperon rouge
3. La pantoufle en verre de Cendrillon
4. La clef fée tachée de sang de Barbe bleue
5. Les bottes de sept lieues
6. La réserve de cailloux blancs du Petit Poucet
7. La citrouille de Cendrillon
8. La baguette d'une fée
9. Le gâteau de Peau d'âne
10. La litière du Chat botté

Anecdote

Vous avez peut-être remarqué l'hélicoptère survolant l'univers de Perrault ! Alors non, les hélicoptères n'existaient pas au XVIIe siècle ! Il s'agit d'un clin d'œil au film *Peau d'âne* de Jacques Demy, sorti en 1970. À la fin du film, le Roi et la Fée se rendent au mariage de la Princesse en hélicoptère ! Un choix de mise en scène surprenant (et marrant) !

Contrôle de lecture

JEAN DE LA FONTAINE

Avez-vous bien lu la biographie de Jean de La Fontaine ? Oui ?
C'est ce qu'on va vérifier !

1 Quel est le signe astrologique de Jean de La Fontaine ?

A. Poissons
B. Cancer
C. Corbeau
D. Renard

2 Comment se nomment les habitants de Château-Thierry ?

A. Castelthierriens
B. Castelthéodoriciens
C. Châteauthierristes
D. Châtelainthierristiens

3 Quelle profession a exercée Jean de La Fontaine ?

A. Maître-chien
B. Maître d'école
C. Maître des eaux et forêts
D. Maître Jedi

4 Quel célèbre fabuliste de l'Antiquité a beaucoup inspiré La Fontaine ?

A. Luqman
B. Sappho
C. Orelsan
D. Ésope

5 **À quel âge Jean de La Fontaine a-t-il publié son premier livre de fables ?**

- **A.** 17 ans
- **B.** 27 ans
- **C.** 47 ans
- **D.** 67 ans

6 **Qui était le mécène de La Fontaine ?**

- **A.** Nicolas Fouquet
- **B.** Nicolas Rotonde
- **C.** Nicolas d'Argent
- **D.** Nicol'As du falafel

7 **Quel est le surnom de sa bande de copains écrivains ?**

- **A.** Le Cénacle
- **B.** La Pléiade
- **C.** Les Chevaliers de la Table ronde
- **D.** La Bande organisée (personne ne pouvait les canaliser)

8 **Parmi les artistes suivants, lequel n'a pas du tout influencé La Fontaine ?**

- **A.** Victor Hugo
- **B.** Boccace
- **C.** Térence
- **D.** Phèdre

9 **Combien de fables La Fontaine aurait-il écrites (à peu près, on n'est pas à une grenouille ou un bœuf près) ?**

- **A.** 2 (c'est peu)
- **B.** 240
- **C.** 2 400
- **D.** 24 000 (c'est beaucoup)

10 **Laquelle de ces fables de La Fontaine n'existe pas ?**

- **A.** « Les Deux Pigeons »
- **B.** « Le Coche et la Mouche »
- **C.** « Le Renard et le Bouc »
- **D.** « Le Grand Requin-marteau et la Limace-sauteuse dromadaire »

Anecdote

Aurélien Fernandez a caché des tas de références à des fables de La Fontaine, du bouc regardant dans le puits aux roseaux pliant (sans rompre) sous le vent. Pour l'anecdote, La Fontaine, étudié au moins une fois par tous les enfants français, de la maternelle à l'université, a donné son nom à plus de 330 établissements scolaires ! Pas mal, pour un jeune rêveur !

Solution : 1.b 2.b 3.c 4.d 5.c 6.a 7.c 8.a 9.b 10.d

Héroïnes

JANE AUSTEN

Vous avez bien parcouru l'univers de Jane Austen ? Il est plein de charmantes personnes, n'est-ce pas ? Jane Austen a notamment inventé des personnages féminins qui sont devenus mondialement célèbres ! La littérature compte énormément de FFF (« fameuses femmes fictives »), mais les connaissez-vous ? C'est ce qu'on va voir : reliez chacune de ces FFF au roman français dans lequel on peut la rencontrer !

La marquise de Merteuil ■	■ *Le Rouge et le Noir* (Stendhal)
Louise de Rênal ■	■ *Notre-Dame de Paris* (Hugo)
Milady de Winter ■	■ *La Petite Fadette* (Sand)
Marguerite Gautier ■	■ *Les Liaisons dangereuses* (Laclos)
Esmeralda ■	■ *La Dame aux camélias* (Dumas fils)
Fantine ■	■ *L'Écume des jours* (Vian)
Fanchon Fadet ■	■ *Les Trois Mousquetaires* (Dumas)
Albertine Simonet ■	■ *À l'ombre des jeunes filles en fleurs* (Proust)
Madame Rosa ■	■ *Bonjour tristesse* (Sagan)
Chloé ■	■ *Les Misérables* (Hugo)
Cécile ■	■ *La Vie devant soi* (Gary)

NB : Si vous n'y arrivez pas, il faut lire tous ces romans ! (Ou chercher sur Internet, ça va carrément plus vite...)

Anecdote

Preuve que Jane Austen est encore très appréciée aujourd'hui : c'est l'autrice classique la plus souvent citée sur TikTok ! Le réseau social a d'ailleurs lancé un club de lecture numérique en 2022 (le TikTok Book Club) et l'œuvre choisie pour ouvrir le bal était le roman *Persuasion* de Jane ! #janeausten #4EverTheBest

Initiales

VICTOR HUGO

Il est foisonnant, l'univers de Victor Hugo ! Et encore, on n'a pas pu mettre tous ses personnages ! Hugo lui-même adorait dessiner et décorer sa maison. D'ailleurs, dans ses dessins comme chez lui, il s'amusait souvent à dissimuler ses initiales : VH.

En hommage à cette étrange (et hyper-égocentrique) habitude, nous avons caché cinq VH dans son univers ! Parviendrez-vous à les retrouver ?

Devoirs maison

COLETTE

Vous avez bien flâné dans l'univers frénétique de Colette ? Mais avez-vous repéré ces autres personnages hauts en couleur ?

1. Un homme marchant sur les mains
2. Un oiseau volant à l'envers
3. Une fille qui mange des crayons de couleur
4. Un clown triste
5. Un élève aux poches remplies d'antisèches
6. Deux amoureuses cachées dans un buisson
7. Une femme déguisée en chat
8. Un avaleur de sabres
9. Un prêtre choqué de voir deux femmes s'embrasser
10. Un chien à lunettes
11. Un chien prenant un paparazzi pour un réverbère

Abominable quiz

HOWARD PHILLIPS LOVECRAFT

L'univers de Lovecraft est vraiment plein de choses étranges et terrifiantes, n'est-ce pas ? Mais connaissez-vous bien son œuvre, ses influences et son impact sur la culture populaire ? C'est ce qu'on va voir ! Petit interrogatoire !

1 Lequel de ces monstres ne trouve-t-on pas dans l'œuvre de Lovecraft ?

A. Dagon
B. Les Shoggoths
C. Godzilla
D. Azathoth

2 Laquelle de ces œuvres n'est pas de Lovecraft ?

A. *Le Tentacule damné*
B. *L'Affaire Charles Dexter Ward*
C. *La Peur qui rôde*
D. *Les Montagnes hallucinées*

3 Lequel de ces livres effrayants n'apparaît pas dans *Le Mythe de Cthulhu* ?

A. L'*Unaussprechlichen Kulten* de Friedrich Wilhelm von Junzt
B. *Le Culte des goules* du comte François-Honoré Balfour d'Erlette
C. Le *Necronomicon* d'Abdul al-Hazred
D. *Le Temps des tempêtes* de Nicolas Sarkozy

4 Laquelle de ces villes cauchemardesques n'a pas été inventée par Lovecraft ?

A. Providence
B. Dunwich
C. Innsmouth
D. Arkham

5 Quel Michel, lui-même tout à fait inquiétant, a écrit l'essai *H. P. Lovecraft. Contre le monde, contre la vie* ?

A. Michel Onfray
B. Michel Houellebecq
C. Michel Bussi
D. Michel Sardou

6

Quel auteur ayant beaucoup influencé Lovecraft a écrit les chefs-d'œuvre *Le Corbeau*, *Le Cœur révélateur* ou encore *Double assassinat dans la rue Morgue* ?

A. Herman Melville
B. Edgar Allan Poe
C. Mark Twain
D. Jack London

7

Maupassant a également eu une certaine influence sur Lovecraft. En revanche, la plupart de ses œuvres se déroulent en France… D'ailleurs, où se situe sa célèbre nouvelle *Le Horla* ?

A. Près de Rouen
B. Près de Marseille
C. Près de La Souterraine (en Creuse)
D. Près de Bordeaux

8

Stephen King a, lui aussi, été très influencé par Lovecraft. Parmi les œuvres suivantes de ce formidable écrivain, laquelle ne contient pas d'élément fantastique ?

A. *Shining*
B. *Carrie*
C. *Christine*
D. *Misery*

9

Énormément de films s'inspirent de l'œuvre de Lovecraft. Parmi les meilleurs (et il n'y en a pas beaucoup) se trouve la saga *Evil Dead*. Mais qui en est le réalisateur originel ?

A. Bryan Singer
B. Joss Whedon
C. Sam Raimi
D. Patty Jenkins

10

Qu'est Arkham dans l'univers de Batman ?

A. Un orphelinat
B. Un commissariat
C. Un asile psychiatrique
D. Une supérette très chère (genre 10 balles le Coca ! c'est abusé ! je comprends que le Joker ait fondu un boulon)

Anecdote

Lovecraft avait une imagination débordante et originale mais il acceptait également des œuvres de commande. Il a notamment écrit *Prisonnier des Pharaons* pour (et avec) le célèbre magicien Harry Houdini !

Solution : 1.c 2.a 3.d 4.a 5.b 6.b 7.a 8.d 9.c 10.c

Interrogatoire

AGATHA CHRISTIE

Vous avez trouvé tous les personnages disséminés dans l'univers de Christie ? Celui-ci n'était pas facile ! Peut-être avez-vous remarqué Sherlock Holmes et le docteur Watson qui se sont perdus ! D'ailleurs, à propos d'enquêteurs littéraires, connaissez-vous les plus célèbres ? C'est ce qu'on va voir ! Petit interrogatoire !

1 **Qui a créé le personnage de Sherlock Holmes ?**

A. Arthur C. Clarke
B. Arthur Conan Doyle
C. Arthur Schopenhauer
D. Arthur Pendragon

2 **Quel est le titre du premier recueil des aventures d'Arsène Lupin de Maurice Leblanc ?**

A. *Arsène Lupin, gentilhomme-brigand*
B. *Arsène Lupin, hobereau-bandit*
C. *Arsène Lupin, seigneur-fripon*
D. *Arsène Lupin, gentleman-cambrioleur*

3 **Comment se nomme le célèbre commissaire inventé par Georges Simenon ?**

A. Jules Maigrait
B. Jules Mégrais
C. Jules Maigret
D. Jules Magret

4 **Le personnage d'Auguste Dupin de Poe a fortement influencé celui de Sherlock Holmes. Dans quelle rue a eu lieu le fameux double assassinat qui l'a rendu célèbre ?**

A. La rue Morgue
B. La rue Broca
C. La rue des Martyrs
D. La rue Aya Nakamura

5 **Comment se nomme le commissaire de police, héros récurrent, dans l'œuvre de la romancière Fred Vargas ?**

A. Jean-Baptiste Adamsberg
B. Jean-Baptiste Heisenberg
C. Jean-Baptiste Spielberg
D. Jean-Baptiste Carlsberg

6 **Dans *Le Nom de la rose* d'Umberto Eco, comment se nomme le moine enquêteur ?**

- **A.** Guillaume de Belleville
- **B.** Guillaume de Baskerville
- **C.** Guillaume de Granville
- **D.** Guillaume de PoPésie (c'est moi, donc je ne pense pas que ce soit la bonne réponse)

7 **Comment se nomme le personnage d'enquêteur inventé par Gaston Leroux ?**

- **A.** Tiretonslip
- **B.** Lancetaquille
- **C.** Rouletabille
- **D.** Poussetonpog

8 **Les enquêteurs de fiction ont souvent un fidèle acolyte : Holmes a Watson, Poirot a Hastings... Mais comment se nomme celui de Scooby-Doo, le fameux chien détective ?**

- **A.** Billy
- **B.** Willy
- **C.** Wally
- **D.** Sammy

9 **Quel est le nom de ce célèbre aventurier français à la vie incroyable ayant été tour à tour délinquant, prisonnier, fugitif évadé, puis chef dans la police et même fondateur d'une agence de détectives privés ?**

- **A.** Valmont
- **B.** Vautrin
- **C.** Vidocq
- **D.** Valvert

10 **Quel est le titre français de la dernière enquête d'Hercule Poirot ?**

- **A.** *La Retraite d'Hercule Poirot*
- **B.** *Fin de tournage pour Hercule Poirot*
- **C.** *Hercule Poirot quitte la scène*
- **D.** *Hercule Poirot : les courges sont cuites*

Anecdote

Un célèbre mystère entoure quelques jours de la vie d'Agatha Christie. En décembre 1926, ayant appris la mort de sa mère et l'infidélité de son mari, Agatha disparut. Cela inquiéta beaucoup ses proches qui lancèrent l'alerte. Le pays fut en émoi et on la chercha partout. On commença même à imaginer un meurtre ! Fort heureusement, Agatha fut retrouvée, quelques jours plus tard, dans un hôtel en bord de mer où elle résidait sous un faux nom (celui de la maîtresse de son mari !). Agatha affirma ne pas se souvenir de ce qui lui était arrivé et cette histoire, auréolée de mystère, continue aujourd'hui encore de passionner les amateurs de Christie et d'énigmes...

Solution : 1.b 2.d 3.c 4.a 5.a 6.b 7.c 8.d 9.c 10.c

Pour plus d'information :

#lisez engagé !

www.lisez.com

Imprimé sur du papier issu de forêts gérées durablement.

ISBN : 978-2-412-08986-6
Dépôt légal : novembre 2023

Apport de projet : Charlotte Volper
Principe de maquette (intérieur et couverture) : Nikyta Madeira
Maquette intérieure : Istria
Correction : Anne-Lise Martin et Céline Dutt
Colorisation des univers d'Eupholie : Lise Rollot
Dessins de couverture : Eupholie (plat 1), Tiffany Beucher (plat 4, haut), Aurélien Fernandez (plat 4, bas)
Imprimé en France

Éditions First, un département d'Edi8
92, avenue de France
75013 Paris
France
Tél : 01 44 16 09 00
Fax : 01 44 16 09 01
Email : firstinfo@efirst.com
Site Internet : www.lisez.com